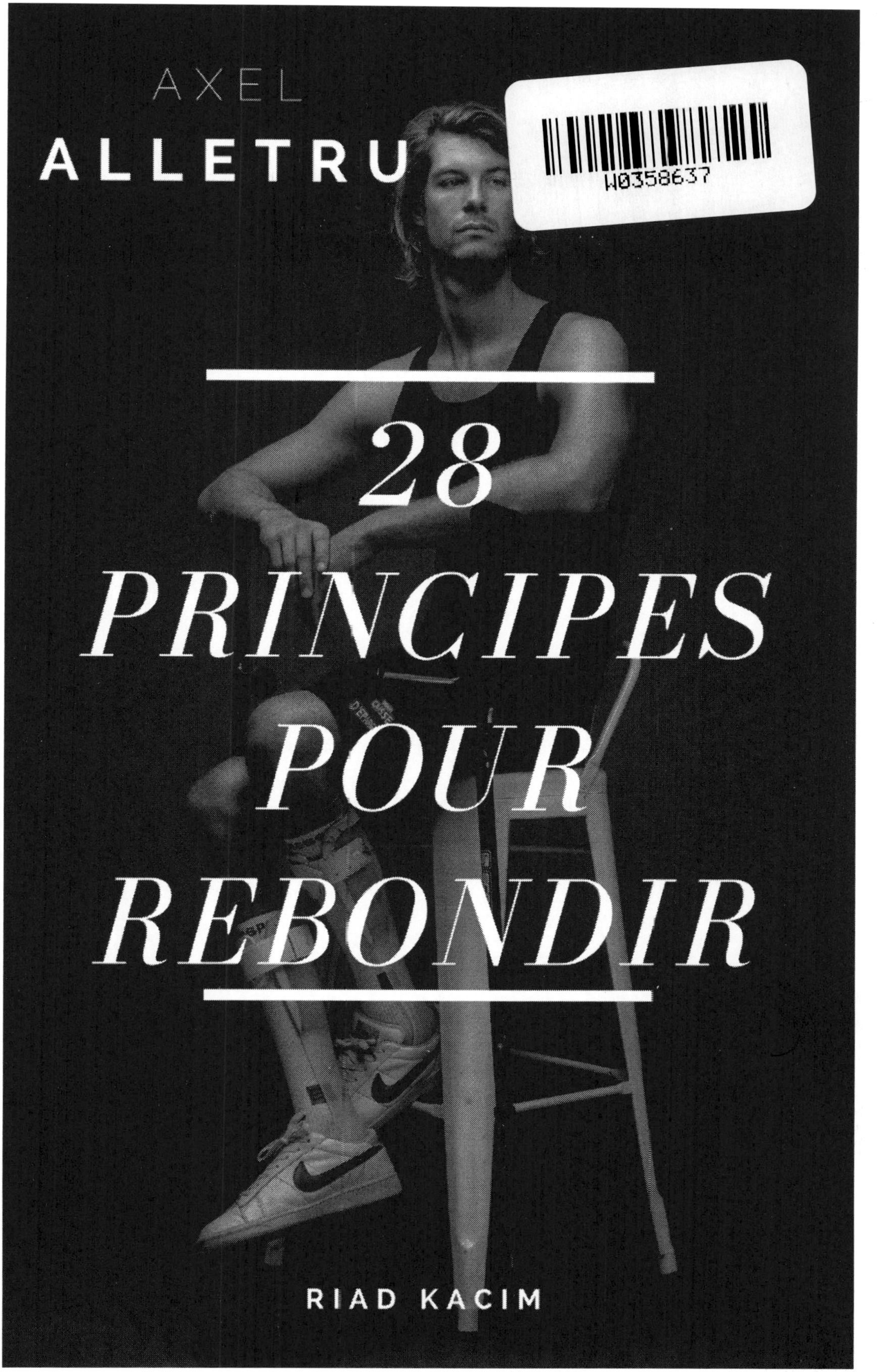
AXEL
ALLETRU
28
PRINCIPES
POUR
REBONDIR
RIAD KACIM

Table des matières

Principe 20 - La courtoisie ne coûte rien et achète tout.

Principe 21 – Visualisez le chemin déjà parcouru.

Principe 22 - N'oubliez pas la différence entre un patron et un leader.

Principe 23 – Croire que c'est possible.

Principe 24 - L'avion décolle face au vent.

Principe 25 – Echouez sur quelque chose que vous appréciez.

Principe 26 - Un accident, un échec de vie, ne serait-ce pas la chance de notre vie ?

Principe 27 - Chaque être humain joue un rôle important, parfois à son insu, mais jamais en vain.

Principe 28 - Chaque jour est une nouvelle opportunité pour avancer sur vos objectifs.

Conclusion

Remerciements

Ce livre est l'aboutissement de plusieurs années de rêves, d'échecs, de rebondissements et de succès. Je dédie ce livre à toutes les personnes qui m'ont soutenu de près ou de loin durant ces 28 dernières années.

Je remercie également toutes les personnes qui m'ont donné l'occasion de partager mon histoire, mes valeurs de positivité, de résilience et m'avoir permis de porter un autre regard sur le handicap, un regard nouveau, rempli d'énergie positive, d'espoir et d'acharnement.

J'espère sincèrement que les idées et anecdotes que vous trouverez dans ce livre vous aideront à reprendre votre destin en main et à vivre une vie pleine de bonheur, de rebondissement et de rencontres inspirantes.

Un spécial "**Merci**" à mes parents qui m'ont toujours soutenu et à **Riad Kacim** sans qui ce livre n'aurait jamais pu voir le jour.

Je vous souhaite le meilleur,
Bien amicalement

AXEL ALLÉTRU

Introduction

“Il y’a une force motrice plus puissante que la vapeur, l'électricité et l'énergie nucléaire : LA VOLONTÉ” ***- Albert Einstein***

C’est la loi qui régit toutes les autres lois. La volonté est la clé de tous mes rebondissements et la source de ma force et ma motivation.

Pourquoi ce livre ?

La vie est une succession de rebondissements, de hauts et de bas. D’ailleurs, à chaque fois qu’on me demande de me présenter je réponds : “...malgré mon jeune âge, j’ai eu plusieurs vies…”. Alors comment peut-on avoir plusieurs vies en une ? Comment rebondir après un échec ? Comment continuer à rêver après un accident tragique ? Comment se dépasser après avoir atteint le “succès” ? Comment faire pour ne pas stagner et se contenter d’une vie médiocre alors qu’on peut nager dans le bonheur ?

Ce livre répond à tous ces questionnements qui taraudent l’esprit de plusieurs d’entre vous. J’ai souvent eu cette question : “Mais Axel comment t’as fait pour rebondir 4 fois dans ta vie alors que tu n’as que 28 ans ?”. Mon but à travers ce livre est de vous présenter les 28 principes qui m’ont accompagné durant ces 28 dernières années et qui m’ont permis d’avoir mon premier trophée européen de BMX à 6 ans, de devenir vice-champion du monde de motocross à 19 ans, mais surtout de rebondir après mon accident de 2010 et ma paraplégie pour devenir champion d’Europe et 12 fois champion de France en natation Handisport en plus d’être recordman sur le 50 et le 100m nage libre à 23 ans.

Aujourd’hui j’ai 28 ans et j’ai envie de partager tout cela avec vous !

Ce livre est donc adressé à vous qui :

- -avez souffert d’un accident tragique réduisant vos capacités physiques
- -avez souffert d’une douleur émotionnelle suite à une séparation ou à un malheur
- -êtes démotivés et n’arrivez pas à vous en sortir pour vos études
- -manquez de pêche au travail
- -avez échoué les études
- -avez raté votre création d’entreprise
- -cherchez toujours à vous dépasser
- -êtes en quête du bonheur
- -êtes perdu dans la vie

Loin de moi l’idée de vous enseigner, ou de vous dicter une vision particulière, j’ai juste envie de vous aider à trouver votre propre voie à travers toutes les anecdotes que j’ai vécues durant ces dernières années et surtout les leçons que j’ai apprises. C’est vous et vous seul qui êtes responsable de votre destin, vous êtes l’auteur de votre histoire et le capitaine de votre bateau.

Mon conseil pour en tirer le maximum de ce livre : A chaque principe et anecdote, écrivez sur chaque page de ce livre un problème rencontré durant votre vie et comment vous allez le solutionner en tenant compte de l'expérience qui vous est transmise.

Si vous ne trouvez pas la réponse, écrivez-moi à : contactaxelalletru@gmail.com et j'essaierais de vous apporter la réponse la plus adaptée.

Si vous arrivez à réaliser de belles choses suite à votre lecture de ce livre, n'hésitez pas non plus à m'envoyer un petit message et à partager votre expérience avec la communauté sur la page Facebook "Axel Alletru" en utilisant l'hashtag #teamalletru. Partageons ensemble plus de positivité dans ce monde !

J'espère sincèrement que vous trouverez votre dose d'inspiration, de positivité et de motivation dans ce livre.

Bonne lecture.

Principe 1 - Ce n’est pas toujours facile... Mais cela en vaut toujours la peine.

Quand on commence un projet, la vision est présente mais les résultats sont toujours incertains. Pour y arriver, on passe par différentes étapes et ascenseurs émotionnels. Parfois, nous avons envie d'abandonner et de tout laisser tomber.
Quand je me suis retrouvé cloué sur un lit d'hôpital, sans l’usage de mes jambes, je me suis fixé un seul objectif : MARCHER. Un objectif surréaliste vu mon diagnostic, mais pas impossible selon moi. J’ai décidé de tout sacrifier pour atteindre cet objectif, je ne vivais que pour marcher ! J’ai donc eu des hauts et des bas comme dans tous les projets de vie, j’ai eu souvent l’envie de tout abandonner. Mais à chaque fois, je me disais que c’étaient quelques années d’effort pour des années de confort. J'étais persuadé que c’était à ce moment-là qu’il fallait fournir le plus grand effort, parce qu’après ce sera trop tard. Me connaissant, j’aurais regretté amèrement le fait de ne pas m'être donné à fond.
8 ans après, je me demande encore comment j’ai fait pour être aussi acharné ! Quand j’y repense, c’était quand même dingue la façon dont je bossais mentalement et physiquement. Chaque journée, chaque heure et chaque minute comptait. Parfois je me réveillais en pleine nuit pour travailler.

Aujourd’hui, à chaque fois que je monte un escalier, je me dis que cela valait la peine de rester enfermé 2 années dans un centre de rééducation. Je suis fier des années d’acharnement et du travail que j’ai dû fournir pour enfin regagner mon autonomie. Cette autonomie me sert aujourd’hui à chaque instant et me servira durant le restant de ma vie.

N’hésitez pas à sacrifier le moment présent pour les moments futurs. Gardez toujours en tête que si c’était facile tout le monde le ferait.

Principe 2 - La résilience, c'est l'art de naviguer entre les torrents de la vie.

Depuis mon plus jeune âge j'ai fait du sport. J'ai commencé à faire du BMX en 1996, j'avais 6 ans. Dans le BMX, la confrontation sportive était mise à rude épreuve. Je m'entrainais dur pour atteindre mes objectifs, j'avais sacrifié beaucoup de choses pour un enfant de 6 ans, loin des salles de cours.
Lors de mes différentes carrières d'athlète de haut niveau (BMX, Motocross, Natation handisport), des blessures plus ou moins graves sont venues impacter ma progression. Mais malgré tout cela, j'ai su naviguer entre ces obstacles pour revenir plus fort à chaque fois et apprendre de mes blessures pour continuer à être un champion.

J'ai appris durant toutes ces épreuves, que pour progresser dans la vie tout en restant heureux, il fallait s'adapter aux changements et surmonter les différentes altérations de son environnement.

Il faut accepter pour avancer. Accepter ne veut pas dire se résigner ou baisser les bras, accepter veut surtout dire s'adapter, changer de perspective et savoir naviguer entre les torrents de la vie pour mieux rebondir.

Principe 3 - Comme nous ne savons pas ce qui est impossible ou non, alors pourquoi ne pas agir comme si tout est possible ?

Chaque enfant a un rêve. Il rêve car il n'est pas encore confronté à la réalité et à la dureté de la vie. Malheureusement avant même que l'enfant essaie de tout faire pour réaliser son rêve, on lui dit souvent que c'est impossible !

J'ai eu la chance d'avoir des parents qui ont toujours cru en mes rêves. A 6 ans, quand je disais que je voulais devenir champion du monde ou pilote professionnel avant même d'avoir commencé la pratique du motocross, ils ne m'ont jamais dit que c'était impossible.

Aujourd'hui quand j'y repense, si on m'avait dit que c'était impossible je n'aurais jamais su passer toutes ces barrières parfois insurmontables. J'aurais peut-être abandonné en me disant que de toute façon je n'y arriverai pas. C'est parce que je n'avais pas une idée de mes limites que j'ai réussi l'impossible.
La même chose s'est reproduite à l'âge de mes 20 ans, quand je me suis retrouvé privé de mes jambes à cause de ma chute lors du championnat du monde de motocross. Je croyais haut et fort que j'allais remarcher malgré ma paraplégie. Aujourd'hui à 28 ans, j'arrive à marcher grâce à mes attelles et mes béquilles.

J'ai juste agi comme si c'était possible. Chaque jour, chaque heure, je visualisais l'image que je voulais reproduire dans la réalité. Après des mois et des années d'effort physique et mental, j'ai pu transformer l'impossible en possible et l'imaginaire abstrait en réalité concrète.

Ne vous fiez pas aux apparences et à l'état actuel des choses. Ce n'est pas parce que vous n'arrivez pas à contempler vos aspirations avec vos deux pupilles que vous ne pouvez pas les visualiser avec votre troisième œil et donc les concrétiser.

Principe 4 - Je ne laisse jamais une défaite déterminer qui je suis.

Durant ma carrière sportive, j'ai bien évidemment connu plusieurs défaites. 1998, Championnat d'Europe de BMX, j'étais l'un des favoris. Un circuit compliqué où je n'étais pas à l'aise. Les manches qualificatives finies, je passe mais je me retrouve dernier pour la finale. Un calvaire, je subis la piste. Pour couronner le tout, je ne saute pas une bosse primordiale sur le circuit, ce qui me fait perdre énormément de temps. Tirage au sort pour la place sur la grille. Une nouvelle fois le sort s'acharne : je me retrouve avec la pire place de la grille.

Alors que je n'avais que 8 ans, je m'en souviens encore comme si c'était hier, j'étais seul dans les "pré grille" avant le départ. Seul à me concentrer et à réfléchir pourquoi j'étais là et comment j'en étais arrivé là. Je me suis remis en tête toute ma préparation, tous les titres que j'avais déjà eus (vice-champion du monde et 2 fois champion d'Europe). Et à un moment je me dis : merde, c'est moi le champion, c'est moi qui vais remporter ce titre !

En repensant à tout ce que j'ai vécu, à mon parcours et donc à mes capacités, j'ai repris une confiance, qui même si je n'étais pas le meilleur techniquement ce jour-là, allait me faire remporter mon 3eme titre européen.

Dans les situations les plus improbables, il faut garder son calme, se recentrer sur soi et mener le combat jusqu'au bout en dépit des circonstances.

Principe 5 - Si vous pouvez vivre de vos passions, vous êtes bien plus chanceux dans la vie que de nombreuses autres personnes.

Si vous peux faire ce que vous faîtes de mieux et être heureux, vous êtes bien plus chanceux dans la vie que de nombreuses personnes.

J'ai toujours eu la chance de pouvoir être maître de mes choix. Mes parents ne m'ont jamais obligé de faire telle ou telle chose. Quand j'étais jeune, je rêvais de devenir pilote professionnel et j'y étais arrivé ! Ensuite après mon accident de motocross, je rêvais d'aller aux jeux olympiques, là encore je suis allé au bout de mon rêve.

Après la natation, on m'a proposé plusieurs opportunités, mais j'ai décidé de faire quelque chose qui me rend heureux : Partager mon expérience, afin d'aider les personnes en manque de motivation, de courage et d'inspiration. Depuis, je suis de plus en plus heureux d'avoir pris cette décision surtout quand je reçois ce genre de messages :

"Il y a un mois, en faisant des travaux chez moi, je suis tombée de plus de deux mètres de haut, je me suis brisée la colonne vertébrale. Je me suis instantanément rappelée de votre expérience, ce qui m'a permis d'appeler les pompiers sans attendre. J'ai été prise en charge immédiatement et opérée dans l'heure. Je suis paraplégique depuis un mois. Pour moi, c'est grâce à vous que j'ai pu être prise en charge aussi vite et éviter les erreurs. Votre témoignage est précieux. Il l'a été pour moi !"

Nous n'avons qu'une seule vie. Tant que vous êtes vivant, tant que vous arrivez à respirer, essayez d'en profiter au maximum. N'attendez pas la fin de vos jours pour la vivre, la vie est déjà assez courte pour attendre.

Principe 6 - Le succès n'est jamais définitif, l'échec n'est jamais fatal. C'est le courage qui compte.

23 Ans de sport de haut niveau, j'ai eu des hauts et des bas. Des victoires fondées sur des jours et des nuits de travail acharné. Le moment où je soulevais le trophée de la victoire, tout est mis de nouveau en jeu. Je devais alors repartir pour reconquérir un nouveau trophée.

En ce qui concerne les échecs, c'est pareil. Je faisais parfois de mauvaises courses où je finissais dernier. Plusieurs fois, j'avais envie de tout arrêter. Mais à chaque fois, j'arrivais à me reprendre en main et à repartir à l'entraînement avec un désir ardent pour reconquérir la victoire.

En 2008 j'avais eu une saison très compliquée où j'enchainais les blessures et donc les mauvais résultats. C'était dur pour moi d'accepter que malgré les efforts fournis, il n'y avait aucun résultat concret. Le team se remet en question, je me demandais si j'avais peut-être fait le mauvais choix de faire carrière en motocross. Des dizaines de questions sans réponse. La seule réponse que j'avais trouvé à cette époque-là était d'avancer ! Alors, nous avons continué d'avancer sans nous décourager. Encore une fois, ces moments d'échecs et de difficultés nous ont rendu plus fort que jamais. Résultat, la saison suivante fut l'une de mes meilleures saisons de motocross, nous avions tout gagné.

La vie ne s'arrête pas à un échec ou à une victoire. La clé du bonheur et de la réussite réside dans le fait d'accepter le tout. Il faut que vous appréciez chaque moment de votre parcours et que vous essayez d'en tirer le meilleur pour votre aventure. Restez confiant à chaque instant présent, ne chérissez pas trop vos victoires et ne vous attardez pas trop non plus sur vos défaites.

Principe 7 - La façon la plus sûre de réussir est d'essayer une autre fois.

Année 2010, année de mon accident et donc de ma rééducation. Lorsque j'ai commencé à me mettre entre les barres parallèles, j'arrivais durement à me tenir en équilibre et pas moyen de faire un pas sans manquer de tomber. Et ce, pendant plusieurs semaines. J'avais envie de tout lâcher, de dire stop c'est fini, je resterai comme ça toute ma vie. Mais je réessayais. Je tombais, parfois même je me mettais en danger. Je m'épuisais, mais je ne voulais pas m'avouer vaincu.

Et un jour, j'arrive à faire un mini pas, puis un autre. Je me suis demandé si ce n'était pas un coup de chance. Mais non, les progrès étaient bel et bien là ! Je me suis dit, enfin ! Au bout de la millième fois, je commence finalement à avancer. Je sais que si je n'avais pas fait ce millième pas, si je m'étais arrêté en disant de toute façon ça ne marche pas et ça ne marchera jamais, et bien je sais que je m'en serais voulu intérieurement de ne pas avoir encore et encore essayé. A chaque chute je me relevais pour essayer une autre fois. Aujourd'hui je me dis que j'ai bien fait.

Vous connaissez surement Thomas Edison ? Le célèbre inventeur de l'ampoule électrique, mais aussi de la pile électrique et du phonographe. Lorsque Thomas Edison inventa l'ampoule électrique, un jeune reporter lui posa la question suivante : « Qu'est-ce que ça fait d'avoir échoué plus de 2000 fois, avant de réussir à inventer l'ampoule électrique ? » Thomas Edison répondit « Non, je n'ai pas échoué, j'ai simplement découvert 2000 méthodes qui ne fonctionnent pas ! »

Thomas Edison avait compris que la façon la plus sûre de réussir, était d'essayer encore et encore. C'est pour cela qu'il ne se laissait pas décourager par les difficultés rencontrées. Comment un homme pouvait trouver encore le courage de chercher pendant des années, s'il ne savait pas au fond de lui qu'il finirait forcément par trouver la formule qui produirait de la lumière ? Qui lui a dit que c'était possible ? Personne n'avait vu avant lui de la lumière être produite grâce à une autre source que le feu, le soleil, la lune ou les étoiles. Mais il a appliqué ce principe, il a cherché, il a persévéré et il a fini par trouver.

Si vous rencontrez des obstacles sur votre chemin, ne vous découragez surtout pas. C'est normal, nous avons tous nos difficultés, ceux qui réussissent le mieux sont ceux qui les surmontent en essayant encore et encore.

Principe 8 - La peur du changement nous pousse à l'inaction.

Très souvent un changement de soi, est plus nécessaire qu'un changement de situation. Nous avons tous notre zone de confort. C'est normal, l'être humain est fait pour se mettre en sécurité et survivre, c'est dans notre instinct. Combien de personnes n'ont pas le courage de quitter leur job ou d'arrêter leurs relations amoureuses par peur du changement ? La peur de perdre ce qu'on a déjà acquis, ce qu'on sait déjà.

Pour ma part, j'ai vécu des changements que je n'avais pas prévus, des changements qui m'ont obligé de me remettre en question profondément afin de pouvoir continuer d'avancer dans la vie. Après mon accident en 2010, j'ai fait de la natation handisport et je me suis spécialisé dans le 50 mètres papillon. Quelques mois avant les jeux olympiques, ma coach me suggère de passer au 50 mètres nage libre, une nage que je ne connaissais absolument pas, mais ma coach croyait en mon potentiel et la possible qualification pour les Jeux Olympiques à travers cette catégorie.

J'avais peur de changer, car je me sentais bien dans le 50m papillon, mais sans m'en rendre compte, je suis resté sur un seul type de nage, résultat je ne progressais plus du tout en mettant en péril ma qualification aux jeux.

Je râlais aussi (mon deuxième sport préféré) car la fédération de natation m'avait imposé des temps qui étaient irréalisables avec cette configuration. Ma coach m'a donc proposé cette solution, mais cette solution me faisait peur. J'avais peur de tout recommencer sans être sûr de me qualifier. Mais finalement, j'ai décidé d'accepter et de tout recommencer. J'ai pris le risque de tout perdre et j'ai sauté dans le vide, les yeux fermés. En fin de compte, j'ai réussi les minimas imposés lors des qualifications du 50 mètres nage libre tout en progressant sur le 50 mètres papillon, chose que je n'aurais pas pu réaliser si je n'avais pas pris cette dure décision.

La morale de l'histoire, il ne faut jamais attendre que les circonstances soient parfaites pour prendre action. Il faut aller provoquer le changement en s'adaptant toujours aux différentes situations. J'ai sauté dans le vide, j'ai pris mon courage à deux mains et j'ai réussi. Sans ce changement radical de dernière minute, je n'aurais jamais pu être qualifié. Et vous, à quoi résistez-vous encore ?

Principe 9 - Si vous arrivez à devenir ami avec vous-même, vous verrez à quel point la vie est pleine de rebondissements.

Qui parmi nous ne rêve pas de vivre en harmonie avec son corps et son esprit ? Pourtant, rares sont ceux qui y parviennent. Les gens sont dans la plupart du temps jugés sur leurs apparences. Notre corps fait fonction de carte de visite. Avant mon accident, j'étais grand, fort et musclé ! Malheureusement une chute avec de lourdes conséquences m'a rendu infirme : les muscles de jambes atrophiés, plus aucun muscle fessier, cicatrice sur le dos en plus de mettre des attelles tous les jours.

Au début, j'avais tendance à me cacher, à ne pas mettre de short, même des fois à ne pas sortir par peur du regard des autres. Finalement le piège se referme, on reste seul, on décline les invitations, on n'ose pas confronter le monde extérieur. Mais à un moment donné j'ai dit stop : STOP A TOUT CA ! J'ai pris mon courage à deux mains et j'ai décidé d'accepter de redevenir ami avec moi-même. A partir de ce jour-là, j'ai décidé d'accepter mon handicap en acceptant l'aide des autres et en laissant apparent mon nouveau corps.

Finalement je me suis rendu compte que les gens venaient me voir, me posaient des questions. Des personnes toujours prêtes à aider et à me supporter. Aujourd'hui 8 ans après mon accident, j'ai vécu des choses extraordinaires. Le principe "soyez ami avec vous-même, vous verrez à quel point la vie est pleine de rebondissements " prend alors tout son sens.

N'ayez pas honte de votre apparence, soyez ami avec vous-même avant d'être ami avec le monde. Si vous ne vous acceptez pas vous-même, pourquoi le monde vous accepterait ?

Principe 10 - Toutes les grandes équipes ont deux choses en commun : la défense et le rebond.

Durant mon Séjour au centre de rééducation, certaines personnes m'ont mis des bâtons dans les roues. Je travaillais d'une certaine manière pour progresser très vite. Ce qui n'était pas dans les normes du centre. Malheureusement, avec mon "Équipe de rééducation" -kiné et proches- nous avons été convoqués par les administrateurs du centre de rééducation qui nous ont posé un ultimatum : se plier au règlement ou changer de centre !

Nous avons choisi de rester dans le Centre et d'adapter leur système au « notre » :). Deux ans après ma rééducation, je suis sorti en marchant, les médecins n'en croyaient pas leurs yeux. Nous avons su adapter notre situation pour rebondir derrière. Tout en respectant leurs règles, nous avons pu garder les nôtres.

Les règles sont bien évidemment importantes et surtout au début, car elles vont vous aider à identifier des points clés de la prise de vue, à comprendre certains fondamentaux. Mais surtout, il faut les connaître pour mieux les contourner. Car passer un temps, il faut savoir les mettre de côté si cela peut vous permettre de réaliser des choses qui vous feront vibrer, même si le résultat en déconcerte certains ou même la majorité.

Principe 11 - Dans la vie il y'a ceux qui attendent que le miracle se produise et ceux qui le provoquent.

27 Juin 2010, l'accident qui a bousculé ma vie. A l'hôpital, dès mon réveil après l'opération, j'ai demandé au chirurgien : “Docteur est-ce que je vais pouvoir remarcher un jour ?” Le chirurgien me répond alors : ” La réponse est simple... Monsieur Allétru, votre moelle épinière est très endommagée, il faudra un miracle pour que vous puissiez remarcher...”
J'aurai pu accepter et attendre le miracle, mais j'ai décidé d'être acteur de mon destin. Chaque jour je me suis battu malgré les obstacles pour progresser et essayer de retrouver mon autonomie.

Je suis retourné en consultation chez ce chirurgien 1 an après ma rééducation. Je suis entré dans la salle, stupéfait, le chirurgien n'en croyait pas ses yeux, il pensait s'être trompé de patient. Et là il me dit : ” Monsieur Allétru, vous avez eu une sacrée chance...” ce à quoi j'ai répondu : ”Monsieur, la chance n'existe pas pour ceux qui n'y croient pas...La chance se provoque et à chaque instant de cette dernière année, je n'ai cessé de la provoquer !”

Principe 12 - N'abandonnez surtout pas à cause de ce que les gens disent.

N'abandonnez surtout pas à cause de ce que les gens disent ; utilisez ces paroles pour vous rendre plus fort. On m'a souvent découragé, on m'a souvent dit que je n'y arriverais pas, on m'a souvent dit de laisser tomber et d'accepter la "réalité". Vous aussi je suppose. Mais vous savez, chacun d'entre nous a un énorme impact sur sa propre réalité. Peu importe les contraintes, peu importe les circonstances, si vous êtes prêt à tout donner pour y arriver et que vous faîtes tout pour que votre vision se concrétise, celle-ci se concrétisera.

Jeune, on ne me prenait pas au sérieux quand je criais haut et fort que j'allais devenir champion de motocross, et je le suis devenu à plusieurs reprises.
Après mon accident de motocross, on m'a prédit le fauteuil à vie, deux ans après je suis sorti du centre de rééducation en marchant à l'aide des béquilles.
On s'est moqué de moi quand j'annonçais que je voulais devenir champion olympique et que je commençais la natation de zéro. Quelques mois après, je suis sacré champion de France en natation handisport et des années après je suis champion d'Europe et recordman sur le 50 et le 100m nage libre.

J'aime bien un dicton qui dit "celui qui s'occupe des avis des autres a perdu d'avance" et c'est vrai...Il y aura toujours des gens qui seront là pour te décourager. Avant d'écouter qui que ce soit, commencez par écouter la petite voix en vous qui vous guidera sûrement vers votre bonheur.

Afin de réussir vos projets personnels ou professionnels, essayez toujours d'avoir un environnement positif qui vous encourage à aller de l'avant, qui vous tire vers le haut au lieu de vous tirer vers le bas.

Quand j'étais au centre de rééducation, beaucoup me disaient que je n'allais jamais progresser, que je resterais infirme, que j'étais déjà condamné et que je n'avais plus aucun impact sur ma réalité. La première chose que j'ai faite était de sourire, de les remercier pour leurs "conseils" et ensuite j'ai triplé mes efforts pour leur prouver que j'avais raison et qu'on pouvait faire confiance en la vie en se faisant confiance soi-même.

Finalement je suis sorti du centre de rééducation en remarchant. Là encore on m'a dit que j'avais eu de la chance, ce à quoi j'ai répondu : la chance se provoque et je n'ai pas cessé de la provoquer durant ces deux ans d'acharnement et de travail sans relâche.

Soit vous faîtes partie des personnes qui attendent la chance et cela peut durer une éternité. Soit vous la provoquez. A vous de choisir votre camp.

Principe 13 - Si je ne suis pas moi-même, qui le sera ?

J'ai toujours été moi-même, cela m'a souvent aidé mais parfois m'a joué des tours. Je n'ai jamais voulu jouer un rôle ou ressembler à quelqu'un. Je suis Axel Alletru et je dis ce que je pense. J'ai mes qualités, mes défauts et surtout des principes qui me guident dans la vie.

Après mon accident, je suis resté positif, j'ai gardé ma bonne humeur et l'énergie que j'ai toujours dégagée. Trop souvent les gens pensaient que je me cachais derrière une fausse apparence et que je ne montrais pas mes vrais sentiments.

Au moment où je me suis reconverti à la natation handisport, beaucoup de personnes m'ont conseillé de cacher le fait que j'avais réussi de remarcher (avec des béquilles et des attelles) sous peine de risquer d'être changé de catégorie, chose que je n'ai pas voulu faire. Je voulais à tout prix rester moi-même. Remarcher est l'une des choses dont je suis le plus fier, j'ai travaillé très dur pour y arriver.

Finalement, on m'a changé de catégorie 2 mois avant les jeux olympiques… C'était une période très difficile à vivre surtout que je n'étais pas seul dans l'aventure. Mais dans le fond, le plus important pour moi était de rester moi-même, de rester intègre et fidèle à mes principes. Aujourd'hui, je me rends compte qu'à travers mon parcours, j'aide bien plus de personnes à surmonter les différentes épreuves de la vie. Une médaille olympique c'est bien, mais inspirer et aider des centaines de personnes, c'est mille fois mieux !

Je suis Axel Allétru, je vis pleinement ma vie et j'ai envie d'inspirer et d'aider le maximum de personnes. Et vous, savez-vous qui vous êtes ?

Principe 14 - Quand vous êtes sur le point de laisser tomber, pensez à ce qui vous a poussé à commencer.

A un moment de ma carrière de nageur handisport, je stagnais, je n'arrivais plus à progresser. Les jeux olympiques se rapprochaient de plus en plus et j'avais parfois l'envie de tout laisser tomber. Pour ceux qui ne le savent pas, la natation est un sport très monotone. C'est très dur de compter les carreaux bleus de la piscine pendant 4 à 6 heures par jour, surtout quand le résultat n'y est pas.

A un moment donné je me demandais pourquoi je m'étais lancé dans cette aventure de dingue des Jeux Olympiques. Mais le moment qui suivait je visualisais tout le chemin parcouru, l'équipe rassemblée et je me remettais à fond dedans pour continuer d'avancer.

Au final, quand vous avez cette sensation d'être sur le plot de départ d'une finale de championnat du monde, ou cette médaille autour du cou, vous oubliez tous les moments de galère que vous avez vécu pendant des années. Même si ces moments de pur bonheur sont très courts et éphémères, ils vous poussent à avancer encore plus et avoir la rage de réussir.

A chaque fois que vous êtes sur le point de laisser tomber, prenez du recul et pensez à ce qui vous as poussé à commencer. Pensez à toutes ces personnes qui ont cru en vous, à toutes ces personnes qui vous ont aidé et sont convaincues que vous allez réussir.

Pensez aussi à ces personnes qui doutent de vos capacités, ces personnes qui vous ont mis des bâtons dans les roues et n'ont pas envie de vous voir réussir. Remettez tout ça dans la balance, respirez un bon coup et repartez à la conquête de votre rêve.

Principe 15 - Soyez plus fort que vos excuses !

Se trouver des excuses, c'est se mentir à soi-même. Vivre dans l'illusion de l'excuse ou se reprendre en main, c'est à vous de faire le choix.

A certaines périodes de ma vie, je mettais beaucoup plus d'énergie à trouver des excuses qu'à progresser. J'avais toujours des excuses pour tout : je suis tombé - j'ai loupé mon départ - je suis fatigué - j'ai mal dormi - je n'ai pas le temps ... J'étais un champion d'excuse.

Mais à un moment donné, je me rendais compte que je ne faisais que perdre mon temps et gaspiller mon énergie au lieu de m'attaquer aux vrais problèmes. J'ai aussi souvent constaté que même si les contraintes étaient les mêmes, il y aura toujours des personnes pour trouver des excuses et d'autres pour chercher des solutions. C'est à chacun d'entre nous de choisir son camp, j'ai donc choisi le mien. Je me suis remis en question et repris les choses en main, depuis ce moment-là je me suis promis que je n'inventerais plus jamais d'excuse et que je canaliserais toute mon énergie pour trouver des solutions.

Si je ne suis pas là au bon moment tant pis pour moi... si je loupe mon départ, c'est 100 % de ma faute et je ferais mieux la prochaine fois, si je suis mal réveillé c'est aussi de ma faute et le jour suivant j'essaierais de me coucher plus tôt.

Cela m'a enseigné un énorme sens de responsabilité et de proactivité qui m'ont servi tout au long de ma carrière sportive de haut niveau et aujourd'hui encore dans le cadre de mes projets et mes relations avec les autres.

Alors une chose que vous devez retenir, on ne se souvient que des résultats et jamais des excuses. Donc concentrez-vous sur les résultats et oubliez vos excuses.

Principe 16 - Ne pas vouloir changer en mieux, c'est risquer de devoir changer en pire.

Le monde déteste le changement, c'est pourtant la seule chose qui lui a permis de progresser. A vouloir vivre avec son temps, on meurt avec son époque. Même si je suis encore jeune, j'ai toujours eu du mal à accepter les réseaux sociaux. Je n'avais pas envie de prendre le temps d'apprendre et de comprendre ces nouveaux concepts. Je n'avais pas non plus envie de partager mon histoire, je me disais que de toute manière cela ne changerait rien à ma vie.

A l'époque où je cherchais des sponsors pour m'épauler dans l'aventure de la natation, j'avais beaucoup de mal à en avoir mais je devais trouver des solutions sinon le rêve des Jeux Olympiques se volatilisait. Après avoir réfléchi longuement, je me suis dit que je n'avais rien à perdre mais tout à gagner, j'ai donc décidé de franchir le cap. Et à ce moment-là, tout a changé ! J'ai commencé à recevoir des messages très positifs de la part de personnes qui me suivaient sur les réseaux sociaux et cela m'a donné l'envie d'aller plus loin et de partager mon histoire encore plus.

A travers les messages privés que je recevais, les appels et les interactions, j'ai vu que cela pouvait aider de nombreuses personnes. En plus de cela, j'ai gagné énormément en visibilité et j'ai pu retrouver les sponsors dont j'avais besoin.

En y réfléchissant, je me dis que si je n'avais pas changé de paradigme, si je n'étais pas sorti de ma zone de confort et testé de nouvelles choses, je n'aurais surement pas trouvé les sponsors qu'il me fallait pour me lancer dans la natation et je ne serais jamais devenu 12 fois champion de France en natation handisport.

Je sais que le fait de changer pourrait vous faire peur, nous avons tous peur de l'inconnu. Mais sachez qu'en évitant le changement, vous risquez souvent de passer à côté de ce que vous désirez le plus. L'angoisse qui en résulte est temporaire, mais le bonheur qui y est lié, vous accompagnera à vie. Qu'attendez-vous alors pour changer ?

Principe 17 - Pour vivre heureux, voyagez avec deux sacs : l'un pour donner, l'autre pour recevoir.

Il faut toujours donner pour recevoir. Pendant la période de préparation aux jeux olympiques de 2011 à 2016, j'étais très concentré sur mes entrainements. Je ne prenais pas du tout le temps de répondre aux différents messages que je recevais sur les réseaux sociaux, de la part de personnes qui voulaient des conseils ou qui me demandaient de partager mon histoire avec le monde.

En 2017, j'ai pris une année de réflexion pour faire le point sur ce que j'allais faire de ma vie. Et là, j'ai choisi de franchir le pas. J'ai enfin décidé de partager mon histoire et mon parcours avec un maximum de personnes. Pourquoi me demanderiez-vous ? Quand j'étais à l'hôpital, j'aurais aimé avoir des réponses à mes questions de la part d'une personne qui est passé par la même épreuve, j'aurais aimé être écouté, réconforté et encouragé.

J'ai eu des opportunités de projets que j'aurai pu choisir et entreprendre sereinement, mais je voulais faire quelque chose qui a du sens. Aujourd'hui je suis très heureux d'avoir choisi d'être conférencier spécialiste de la résilience, le dépassement de soi et la motivation. C'est un métier qui, en plus de me faire gagner ma vie, me permet d'aider de nombreuses personnes à surmonter les épreuves de la vie et à se dépasser.

J'ai envie de donner à mon tour après avoir reçu ce merveilleux cadeau de la vie. Pouvoir remarcher et faire un métier que j'aime sont les deux plus beaux cadeaux que j'ai eus, je me suis donc fixé comme mission d'aider le maximum de personnes à travers mes conférences, mes vidéos sur Youtube et mes différents projets porteurs de sens. En contrepartie, je reçois beaucoup d'ondes positives de la part d'une communauté très encourageante, ce qui me donne encore plus envie d'avancer dans cette aventure.

Donner et recevoir aide à créer un cercle vertueux qui apporte de la valeur à tout le monde. N'hésitez donc pas à donner et ne soyez pas timide de recevoir.

Principe 18 - On ne va jamais loin lorsqu'on manque de vision.

En 2016, après l'élimination aux Jeux Olympiques de RIO, je me suis remis en question par rapport à mon parcours et mon avenir. J'ai remis sur la table toutes mes ambitions et j'ai fait le point par rapport aux choses que je voudrais entreprendre dans ma vie.

J'ai donc décidé de tester pas mal de choses en même temps. J'avais des idées qui fusaient dans tous les sens et j'avais toujours l'envie de défi sportif.

Mais à force de vouloir tout faire, je ne faisais rien ! Le fait de devoir être sur tous les fronts et gérer plusieurs projets à la fois fait qu'aucun projet n'avançait. J'ai dû donc faire des choix et prendre des décisions assez dures afin de faire le tri pour garder un cap et rester concentré sur une seule grande vision.

Toutes les idées étaient bonnes à exécuter, mais le fait d'avoir 5 différents objectifs m'empêchait de m'investir mentalement et physiquement à 200%.

Si vous aussi vous vous êtes déjà retrouvés dans cette situation, soyez sûrs que votre vie est assez longue pour que vous puissiez réaliser ce dont vous avez envie. Faîtes le tri, essayez de prioriser et concentrez tous vos efforts sur une seule grande vision.

Principe 19 - Notre plus grande faiblesse réside dans l'abandon.

2017, mon premier rallye tout terrain. Nous sommes sur le championnat de France des rallyes tout terrain. Un milieu que je ne connaissais pas, je découvre tout ! Bien que j'aie un manque d'expérience face à ces pilotes qui ont plus de 10 ans d'expérience, je sais que j'ai une carte à jouer.

Je reste confiant, je connais ma capacité de pilotage, mon sens pour analyser les différentes situations et à apprendre très vite. Je suis avec Maxime - mon coéquipier et ami d'enfance- avant même de démarrer la course, les problèmes commencent ! Notre voiture ne passe pas le contrôle technique, il nous manque des homologations et il nous reste que deux heures pour modifier des choses impossibles.

Nous avons remué ciel et terre pour finalement parvenir à avoir une voiture qui passe le contrôle technique de la course. Dès le lendemain, nous prenons donc le départ. Lors du premier arrêt au stand, notre mécano oublie de nous mettre de l'essence, nous devons donc revenir au parc et accuser deux minutes de pénalités. Avec Maxime nous décidons alors d'y aller doucement pour monter en puissance tout au long du rallye (600 km).
Nous commençons à la 5ème place, puis on remonte 3ème, ensuite 2ème, parfait ! Quand soudain, le drame : crevaison du pneu. A cause de mon handicap, je ne peux pas aider Maxime, il doit donc changer tout seul la roue. Nous perdons 8 minutes : dégringolade au classement. Nous passons de la 2eme place à la 9eme avec un énorme retard par rapport aux premiers pilotes.

La première journée se termine sur ce score désastreux. Le soir, avant d'aller nous coucher, je regarde Maxime et je lui dis que demain nous allons faire podium. Que je vais tout donner. Il me regarde en rigolant et me disant que c'est impossible…
Première spéciale dimanche nous gagnons puis nous enchainons les spéciales où nous remontons au classement : 6ème, 5ème. Puis un pilote abandonne, nous nous retrouvons au 4ème rang. A ce moment-là, il nous reste encore 1 spéciale et la possibilité de faire podium. Nous démarrons la course, à notre grande surprise nous voyons le 3ème rouler au ralenti. Maxime me dit donc dans le micro : c'est bon nous avons le podium ! Je lui réponds que non, on va essayer d'aller plus loin et de faire 2ème.

Je ne lâche rien, je donne tout. Il me répond que ça ne sert à rien de prendre le risque, de tout perdre, nous étions déjà sûrs d'être sur le podium. Je donne tout, je sens la tension dans le cockpit, je prends des risques de folie. Maxime s'accroche, je sens à sa voix qu'il est très stressé. Je roule à 140 km/h entre les arbres de la forêt. Nous passons la ligne d'arrivée et là je vois les médias s'agiter autour de nous. On nous signale que nous avons explosé le temps et que nous avons décroché la 2ème position !

Un moment intense dont nous nous souviendrons toute notre vie. A la fin du rallye, quand on regarde en arrière, on se dit qu'avec tout ce qui nous est arrivé, nous aurions pu abandonner au moins 10 fois avant même de prendre le départ. Mais nous avons rien lâché jusqu'au bout et cela a fini par payer.

Principe 20 - La courtoisie ne coûte rien et achète tout.

Cette fois-ci je vais vous raconter une anecdote assez impressionnante d'un ami proche. Cet ami faisait souvent du rallye, il était passionné de voitures et avait un garage. Alors qu'il roulait sur une route nationale, il voit une personne en panne sur le bord de la route. De bonne foi, il décide de s'arrêter pour demander à la personne si elle avait besoin d'un coup de main. La personne en question lui explique que la voiture est tombée en panne et étant donné que c'était le weekend, il avait du mal à joindre un dépanneur.

Mon ami décide de le tracter jusqu'à son garage en attendant lundi. Sur le chemin ils échangeaient sur leur passion pour les voitures et mon ami lui fait part de ses activités de rallye à haut niveau et que ce sport lui demande beaucoup de sacrifices à cause des grandes dépenses financières liées aux équipements. Le weekend fini, au moment de partir, la personne qui était jusqu'alors juste une personne rencontrée par hasard sur un bord de route, file une carte de visite à mon ami en lui expliquant qu'il est le directeur général d'un grand groupe d'assurance. Depuis leur rencontre, une amitié solide est née et le groupe d'assurance sponsorise la totalité des saisons de l'ami en question.

Quand il m'a raconté cette histoire, j'ai compris que la courtoisie ne coûte rien et peut tout acheter. J'ai aussi compris que la vie est un jeu d'échange positif, quand on est généreux et qu'on donne sans s'attendre à une contrepartie, la vie nous récompense généreusement.

Principe 21 - La plupart des personnes abandonnent parce qu'elles visualisent tout le chemin qu'il reste à parcourir mais pas celui qu'elles ont déjà parcouru.

Aujourd'hui je suis à une phase de ma vie où j'ai envie de partager. J'ai envie de mettre toute mon expérience au profit des autres. J'ai mis beaucoup de temps avant de prendre cette décision et me lancer dans cette nouvelle aventure de partage.

Mon seul et unique objectif pour le futur est de devenir le conférencier numéro un sur la résilience, le dépassement de soi et le rebondissement. Au moment où je t'écris ces quelques lignes, j'ai déjà réalisé un TEDx et des dizaines de conférences. Mais le chemin est encore très long.

Je suis reparti une nouvelle fois de zéro, je dois tout reconstruire ; de nouvelles compétences, une nouvelle équipe, de nouveaux objectifs, un réseau... Le travail est énorme mais la passion est encore plus grande.

Quand je visualise le long périple à parcourir, parfois je me décourage et je me demande pourquoi encore tout recommencer. L'envie d'abandonner me guette, mais je ne lâche rien. Je repense à tout le chemin parcouru, les petites victoires remportées et toutes les personnes qui attendent des réponses et des épisodes d'inspiration pour repartir à 200%.

Quand vous déprimez, quand vous vous sentez seuls, quand vous avez envie de tout lâcher et laisser tomber, pensez à pourquoi vous avez commencé et visualisez tout le chemin parcouru.

Principe 22 - N'oubliez pas la différence entre un patron et un leader.
Un patron dit : "Allez-y !" - Un leader dit : "Allons-y !

Aujourd'hui j'ai envie de dire allons-y, j'ai envie que nous allions plus loin ensemble. A travers mon histoire, j'ai envie de partager mon parcours avec vous pour aider un maximum de personnes. Sans être prétentieux, je veux devenir un leader, un exemple qui inspirera des personnes en détresse face à des situations difficiles de la vie. Je pense que le monde a besoin de leaders pour ouvrir la voie.

Moi-même, quand j'étais dans mon lit d'hôpital je regardais des vidéos pour me motiver. Je suivais des personnalités qui m'inspiraient au quotidien. Ensemble nous pouvons avoir un impact encore plus fort.

Un leader sait où il va et sait prévoir par avance les risques pouvant se présenter sur le chemin. Pour cela, les leaders tendent souvent à utiliser la pensée partagée, se demandant dans chaque cas : « qui est-ce que je connais qui peut m'aider à ce sujet ? ».
Je recommande donc très vivement à toute personne ayant le désir de devenir un leader plus efficace d'engager l'ensemble des acteurs de son écosystème. Chacun des membres doit se retrouver dans son rôle et doit se sentir engagé.

Si vous aussi vous avez envie de devenir acteur de cette aventure positive, alors rejoignez la communauté #teamalletru et partageons ensemble ce message de positivité. Avançons ensemble !

Principe 23 - Vous avez le choix de vivre comme une victime mais alors vous ne pourrez jamais accéder à l'autre choix : croire que c'est possible !

2010, je me retrouve du jour au lendemain cloué dans un lit d'hôpital, paralysé de mes jambes. En un instant, je passe d'une potentielle carrière en championnat du monde à plus rien. Je passe du monde des "valides" au monde de la mobilité réduite.

Je me retrouve dans une ambiance sinistre, étriquée et pessimiste, alors que quelques heures avant, j'étais dans le plus grand championnat du monde de motocross. Mais à cet instant, sur mon lit d'hôpital, une pensée me traverse l'esprit :
"Axel, tu as deux choix. Le premier est de subir, te dire que tout cela est injuste et que tu n'as plus aucun pouvoir. Ou le deuxième choix, celui d'apprendre la résilience pour rebondir et continuer à avancer pour devenir plus fort et découvrir de nouveaux terrains inconnus." Je n'ai pas laissé cette situation définir qui j'étais, j'ai toujours eu confiance en moi et j'y ai cru jusqu'au bout.

Aujourd'hui quand je fais le point sur tout le chemin parcouru, je suis heureux d'avoir fait le bon choix, croire que c'est possible. Je continue toujours à repousser les limites, à explorer de nouveaux horizons et je n'ai pas terminé de vous surprendre.

A chaque instant de votre vie, à chaque difficulté rencontrée, vous avez le choix de subir ou d'agir et rebondir.

Principe 24 - Quand tout semble être contre vous, souvenez-vous que l'avion décolle face au vent.

J'ai lu beaucoup de biographie de personnes qui réussissent, on constate souvent que ces personnes passent par les épreuves les plus dures avant de réussir et d'atteindre leurs objectifs. La réussite ne se fait pas du jour au lendemain, on prend des coups, on a des échecs, des faillites, des blessures, mais la différence entre ceux qui réussissent et ceux qui échouent réside dans la persévérance ; ceux qui réussissent, sont ceux qui persévèrent toujours un peu plus que tous les autres.

Très rares sont ceux qui réussissent dès le premier coup. J'aime bien le film "le fondateur", il reflète vraiment cet acharnement qui un jour ou l'autre finit par payer. (Je vous conseille vivement de le regarder).

J'ai vécu pas mal de déboires en moto à cause des blessures, mais je n'ai jamais rien lâché. Je me suis toujours relevé et j'ai continué à persévérer, finalement la récompense a fini par arriver et j'ai été sacré champion de motocross à plusieurs reprises.

C'est dans les moments difficiles, les moments de solitude et de désespoir qu'il faut se rappeler que l'avion décolle face au vent et qu'il n'y a pas de chemin sans embûches. En essayant de prendre votre envol, attendez-vous de vivre des situations très difficiles, mais ne perdez jamais espoir et continuez d'avancer.

Principe 25 - Je préfère échouer sur quelque chose que j'apprécie que d'avoir du succès sur quelque chose que je n'aime pas.

Nombreuses sont les personnes qui choisissent leur métier en fonction du salaire au détriment d'un métier qu'elles auraient aimé pratiquer. En ce qui me concerne, j'ai toujours choisi de faire ce que j'aime, peu importe les échecs rencontrés et les risques pris, l'envie et la passion me poussent toujours à continuer.

J'aurais pu continuer mes études et être diplômé d'une grande école, mais ce n'est pas du tout ce qui me faisait vibrer le plus. Par contre, je pouvais tout sacrifier pour devenir pilote de haut niveau. Malgré l'instabilité de cette activité, la prise de risque énorme, au bout du compte j'étais toujours heureux. Même si j'ai eu un accident qui me laisse aujourd'hui infirme, je ne regrette rien, j'ai fait ce que j'avais envie de faire et cela jusqu'au bout. Je ne pense pas du tout avoir perdu une partie de ma vie, au contraire je l'ai vécu pleinement sans aucun regret ni remord.

J'entends souvent les gens dire que le temps passe vite et qu'ils auraient aimé faire ceci ou cela, nombreux sont ceux qui attendent la retraite pour enfin vivre un bout de leurs rêves. A ces gens-là je dis : reprenez-vous en main, ne subissez pas votre vie mais profitez-en à fond.

Principe 26 - Un accident, un échec de vie, ne serait-ce pas la chance de notre vie ?

Un accident ou un échec peut vous amener sur bien d'autres chemins de la vie et vous réserver différentes surprises. Aujourd'hui, j'arrive à faire beaucoup de choses malgré ma paraplégie : j'entreprends, je découvre, j'aide et je partage !

Peut-être que si je n'avais pas eu mon accident en 2010, je n'aurais pas eu le temps ni l'envie de partager les valeurs humaines que je dégage aujourd'hui ? Ou peut-être que si j'avais été qualifié aux Jeux Olympiques, j'aurais continué l'aventure de la natation pour enchaîner sur d'autres titres olympiques et je n'aurais jamais pensé à faire le rallye Dakar ou à entreprendre plusieurs projets porteurs de sens ?

Sincèrement, je ne sais pas et je ne veux pas savoir. Une chose est sûre, aujourd'hui je suis heureux de faire ce que j'aime et je considère cela comme une grande chance.

Faites toujours ce que vous aimez et aimez ce que vous faîtes, c'est l'une des clés du bonheur. Ne soyez pas triste si les choses ne se passent pas toujours comme vous le souhaitez, le destin vous réserve surement des choses encore plus belles. Si vous arrivez à le comprendre et à agir dans ce sens, vous ne serez jamais déçus de la vie.

Principe 27 - Chaque être humain joue un rôle important, parfois à son insu, mais jamais en vain.

Ce n'est qu'après les différents rebondissements de la vie, que l'on peut comprendre et saisir la portée de nos actions. Le jour où j'ai fait mon premier TEDx à Paris, j'ai eu vraiment une sensation d'être utile, de pouvoir aider. Avant cela je ne me rendais pas vraiment compte de la portée de mes paroles et de l'espoir que je pouvais apporter à différentes personnes à travers mon parcours rempli de rebondissements.

A ce moment-là, je me suis souvenu d'une phrase de Steve Jobs qui avait pris tout son sens : « Vous ne pouvez relier les points en regardant vers l'avant. Vous ne pouvez les relier qu'en regardant en arrière. Alors vous devez croire que les points vont en quelque sorte se relier dans le futur. Vous devez croire en quelque chose - vos tripes, le destin, la vie, le karma, peu importe. Cette approche ne m'a jamais quitté, et cela a fait toute la différence dans ma vie.»

Venant du milieu sportif à haute compétition, on avait souvent tendance à ne plus se rendre compte des efforts fournis et des parcours menés. Nous avons tendance à oublier de connecter les différents événements de la vie et à avoir une vue globale sur le vécu.

A un moment donné, il faut s'arrêter et faire le point sur le chemin parcouru. Cela permet de se ressourcer mais aussi d'inhiber toute émotion négative.

Principe 28 - Chaque jour est une nouvelle opportunité pour avancer sur vos objectifs.

Chaque jour est différent, chaque jour nous offre une nouvelle possibilité pour avancer. Il est essentiel d'avoir une vision long terme qui vous donnera envie de sortir de votre lit, mais il est encore plus important d'avoir des objectifs court terme qui vous permettront de fêter des petites victoires pour vous motiver tout au long du périple qui vous attend.

L'esprit humain est à la fois abstrait et concret, il lui faut de la vision pour rêver et des objectifs concrets pour progresser. Chaque heure, chaque jour, chaque semaine, il faut que vous ayez des petits objectifs qui vous permettront de garder le cap et de vous ressourcer.

Quand vous commencez dans le domaine du motocross en rêvant d'être champion mais que vous n'arrivez même pas à démarrer votre machine, laissez-moi vous dire que la première fois que vous arrivez à passer les vitesses, c'est une victoire qui vous motive et vous donne l'envie de continuer dans l'aventure.

Ayez toujours la tête dans les nuages mais les pieds sur terre. Chaque jour est une nouvelle opportunité pour vous de progresser et d'avancer un peu plus vers vos objectifs et donc vers votre rêve le plus cher.

En guise de conclusion

"Tout être humain doit réaliser l'ensemble de ses possibilités" **- Thomas Carlyle**

On a une énorme envie d'agir et on se sent extrêmement accompli quand on sait exactement ce qu'on a déjà achevé et ce qu'il reste à accomplir.
Aujourd'hui j'ai écrit ces quelques pages parce que je n'avais pas envie d'attendre plus longtemps avant de partager avec vous mon histoire et mes différentes expériences. Je suis très satisfait du rendu, mais je suis encore plus heureux de savoir que je peux m'améliorer et étoffer ces quelques expériences ainsi que mon parcours au fil du temps.

Le but de ce livre, comme évoqué au tout début, est d'essayer de vous partager les clés du rebondissement et de la persévérance à travers mes expériences personnelles. C'est à vous maintenant de puiser le maximum de chaque chapitre pour trouver l'inspiration, la motivation et les méthodes qui vous permettront de rebondir et de réaliser vos objectifs !

J'espère très sincèrement vous avoir apporté, ne serait-ce qu'une bouffée d'oxygène à votre quotidien et vous avoir aider à voir les choses différemment.

J'espère que vous savez aujourd'hui combien vous êtes chanceux et que vous êtes le maître de votre destin. Il ne vous reste qu'une chose, prendre votre destinée en main et réaliser vos rêves les plus chers.

Je serais ravi de lire et de partager vos impressions, réalisations et accomplissements avec l'ensemble de la communauté pour rendre ce message de positivité et de résilience encore plus global. N'hésitez pas à partager vos expériences sur la page Facebook "Axel Alletru" ou à m'écrire à : contactaxelalletru@gmail.com

Si vous pensez que ce livre pourrait être une piqûre de motivation à quelqu'un en détresse, n'hésitez pas à le partager. N'hésitez pas non plus à rejoindre la communauté #teamalletru et agissons ensemble comme si rien n'était impossible !

A très bientôt pour de nouvelles aventures !

Suivez-moi sur :

AXEL ALLÉTRU